Merci à notre ATSEM pour cette année !

CE LIVRE VOUS EST OFFERT DE LA PART DE :

ÉCOLE : **CLASSE :** **ANNÉE :**

Chers Parents et Chers ATSEM,
Je suis une auteure indépendante et prête attention à vos avis et à vos remarques, cela me permet de m'améliorer et m'encourage à créer d'autres livres.
Ainsi, si vous le souhaitez, vous pouvez me laisser un commentaire sur ce cahier de vacances spécial "maîtresse d'école" en scannant le QR Code ci-dessous pour vous rendre directement sur la page concernée.
D'avance merci !

Charlie Plume

ISBN : 9798323305285

Chère/ Cher ATSEM,

Alors que l'année scolaire tire à sa fin, quoi de mieux pour célébrer vos efforts et votre dévouement qu'un cadeau conçu spécialement pour vous ?
Ce cahier de vacances est l'expression de notre gratitude pour votre précieuse collaboration au quotidien dans la classe.
Rempli de jeux divertissants comme des mots mêlés, des coloriages, des quiz de culture générale, des jeux de mémoire... ce cahier est parfait pour stimuler votre esprit tout en vous offrant des moments de relaxation.

Au-delà des jeux, ce cahier est également un recueil de souvenirs des moments joyeux partagés avec les enfants tout au long de l'année. Il contient des sections où vous pouvez noter les anecdotes amusantes et les événements marquants de l'année scolaire, offrant une manière ludique de revivre ces instants précieux.

Idéal pour vos moments de détente à la plage ou lors d'une pause tranquille sous un arbre ou un arrêt entre deux randonnées, ce cahier est votre compagnon idéal pour l'été.
Profitez de chaque page et laissez-vous emporter dans un monde de créativité et de plaisir.

Nous espérons que ce cahier enrichira vos journées d'été tout autant que vous avez enrichi les jours à l'école de ces élèves.

Merci pour tout ce que vous faites, chère/cher ATSEM.

Profitez bien et passez de bonnes vacances !

Charlie Plume

MOTS MÊLÉS

A	P	P	R	E	N	D	R	E	X	P	K	K	E	K	U	C
B	A	W	A	U	O	E	L	F	E	Y	P	D	J	B	X	A
V	I	N	Q	I	R	T	D	E	L	R	Z	C	Z	E	A	H
K	T	R	T	X	R	A	C	U	I	L	E	Q	E	F	H	I
R	R	N	V	O	C	I	D	M	C	D	Z	R	C	P	P	E
D	B	E	U	B	C	R	A	Z	R	A	T	J	B	H	R	R
S	Y	S	U	R	Z	I	X	R	H	N	T	N	Y	T	O	D
D	S	B	E	N	R	V	E	A	E	S	Z	I	N	E	G	I
E	P	X	X	E	I	N	L	R	M	Z	A	E	O	L	R	R
V	E	A	A	G	G	O	R	C	U	L	R	M	W	N	A	E
O	E	W	X	I	U	R	N	A	O	A	E	D	J	J	M	C
I	C	I	E	M	R	L	E	T	P	B	X	C	D	Q	M	T
R	Q	S	C	O	L	L	E	G	U	E	Q	W	T	O	E	E
Y	N	V	J	Q	B	V	E	C	R	I	R	E	A	U	L	U
E	K	Y	Q	A	E	W	W	L	D	P	G	N	S	K	R	R
V	V	I	T	L	Y	P	C	L	A	S	S	E	P	T	T	E
I	Q	P	E	R	E	C	R	E	A	T	I	O	N	Q	Y	C

① LISTE DE MOTS À TROUVER ET À ENTOURER :

Les mots sont mélangés à l'horizontale, verticale, de bas en haut, en diagonale, dans les 2 sens.

CLASSE	**DEVOIR**	**LECTURE**	**EXERCICE**	**ECRIRE**
RECREATION	**TABLEAU**	**PARENT**	**RENTREE**	**APPRENDRE**
COLLEGUE	**CAHIER**	**ELEVE**	**PRIMAIRE**	**ENSEIGNER**
REUNION	**TROUSSE**	**PROGRAMME**	**DIRECTEUR**	**EDUCATION**

SUPER
ATSEM

PAGE VIERGE POUR NE PAS TRANSPERCER LE VERSO DU COLORIAGE

ANAGRAMMES - 1

MÉLANGEZ LES LETTRES POUR RETROUVER LE BON MOT :

SAROLPA

PAMCING

RABEBECU

EGNAIBAD

TOUTEROUA

SAPAYGE

NIRESSOUV

LABYRINTHE

① **AIDEZ LE STYLO À REJOINDRE LA TROUSSE**

SUDOKU-1

	2	1	6		3			
					5	7	6	
		5	7		1	3	9	2
			5					
5			8	6	9	2		
9		7		4		5	3	
				1	4		2	5
			2	7	8	6		
		8		5				

VILLES DE FRANCE

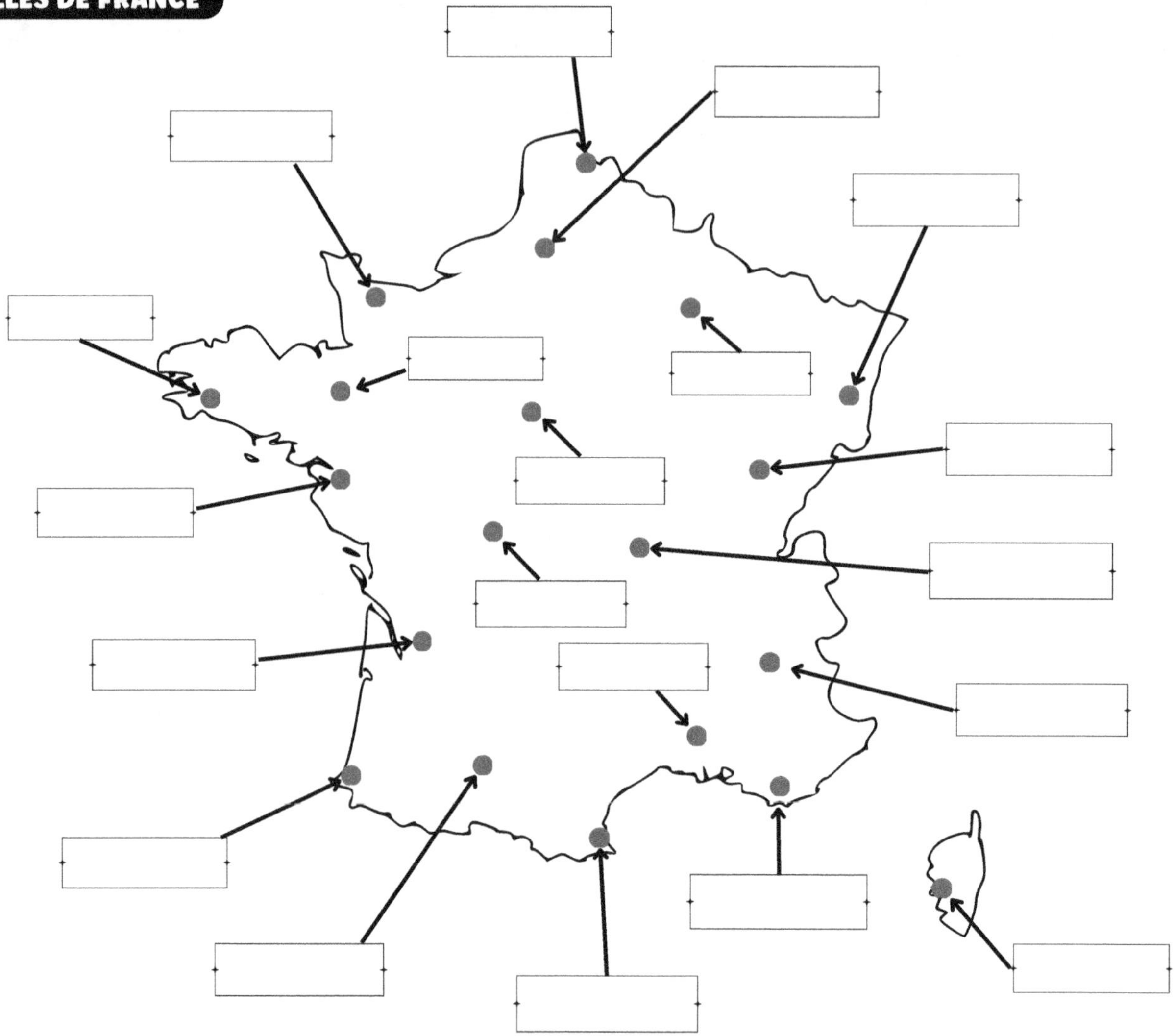

PLACEZ LES VILLES SUIVANTES AU BON ENDROIT SUR LA CARTE :

AJACCIO	BESANÇON	MARSEILLE	COLLIOURE	AVIGNON
BAYONNE	CAEN	NANTES	RENNES	COLMAR
LIBOURNE	GRENOBLE	NANCY	AMIENS	POITIERS
QUIMPER	LILLE	ORLÉANS	TOULOUSE	VICHY

YOUPI !
YOUPI !
L'ÉCOLE EST FINIE !

PAGE VIERGE POUR NE PAS TRANSPERCER LE VERSO DU COLORIAGE

MOTS MÊLÉS

S	O	K	E	V	A	L	U	A	T	I	O	N	X	Q	D	C
S	C	C	C	N	R	M	E	U	I	N	D	K	I	X	F	C
R	I	O	B	E	D	F	N	L	R	I	M	E	G	R	O	G
X	S	L	L	V	Z	V	F	S	L	V	I	O	F	U	H	V
B	U	Q	E	A	X	Y	A	P	N	E	T	Y	L	U	D	R
D	M	E	O	N	I	T	N	B	J	A	R	O	A	B	L	E
U	B	V	H	S	C	R	T	K	I	U	I	A	R	U	A	E
U	F	R	C	Q	R	E	E	W	W	R	V	M	M	O	I	N
C	C	T	U	R	B	A	V	A	R	D	A	G	E	R	O	O
R	A	F	O	I	A	T	P	J	A	C	D	H	E	I	C	I
E	N	R	E	I	T	Y	Q	A	O	S	H	N	T	I	A	T
P	T	V	N	T	L	Q	O	M	P	N	N	C	L	N	R	S
E	I	C	A	E	J	E	P	N	S	O	E	I	L	V	T	E
T	N	N	C	K	T	T	T	H	S	R	E	P	R	E	A	U
E	E	X	K	A	E	P	J	T	R	G	I	W	N	M	B	Q
R	M	M	V	R	Z	W	G	O	E	T	A	W	D	U	L	T
H	Y	P	V	X	D	W	C	U	O	S	I	E	Q	C	E	N

② LISTE DE MOTS À TROUVER ET À ENTOURER :

Les mots sont mélangés à l'horizontale, verticale, de bas en haut, en diagonale, dans les 2 sens.

EVALUATION	**BAVARDAGE**	**ENFANT**	**TOILETTES**	**QUESTION**
CARTABLE	**BRUIT**	**CANTINE**	**PREAU**	**CRAYON**
REPETER	**NIVEAU**	**MARELLE**	**SILENCE**	**SONNERIE**
CORRECTION	**SCOLAIRE**	**COULOIR**	**COMPTER**	**CARNET**

PYRAMIDE ADDITIVE - 1

COMPLÉTEZ LA PYRAMIDE DE FAÇON À CE QUE CHAQUE CASE SOIT ÉGALE À LA SOMME DES DEUX CASES QUI SE TROUVENT EN-DESSOUS :

253				
	64			
		38		
	12			

	242			
	126			
		56		
	39			

	124			
			67	
	47			28

	268			
208				
108				
		42		

PAUSE PERSO

FAITES LA LISTE DE VOS 5 LIVRES PRÉFÉRÉS ET VOS 5 FILMS PRÉFÉRÉS

1-

2-

3-

4-

5-

1-

2-

3-

4-

5-

POINT PAR POINT

RELIEZ LES POINTS DE 1 À 90 :

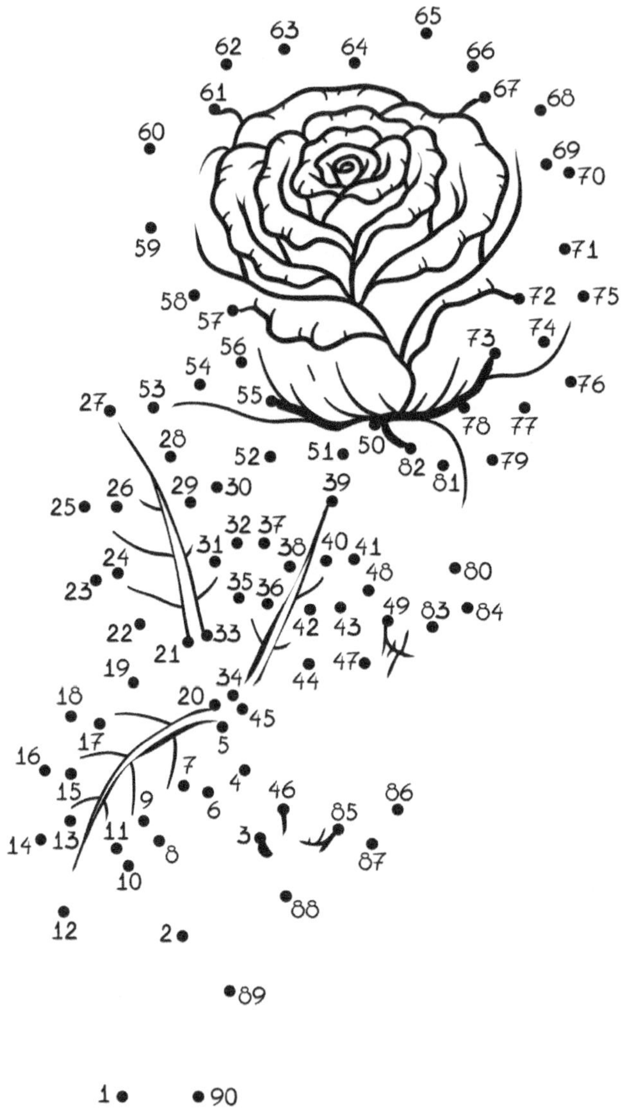

SUDOKU- 2

					4	3		6
8	5				2	1	4	9
3		4		1				
9			1	6	7	8		
				3	9	6		
				8				
		9	8	4		7		2
7	8	2	9		1			
	4	3		2			5	

LABYRINTHE

② **AIDEZ LA TONG À RETROUVER SA PAIRE**

PAUSE PERSO

JE NOTE LES PETITES PHRASES RIGOLOTES DITES PAR DES ENFANTS

JEU DES DIFFÉRENCES

RETROUVEZ ET ENTOUREZ LES 12 DIFFÉRENCES PARMI CES MAMANS D'ÉLÈVES :

JEU DES DIFFÉRENCES

QUEL OS ?

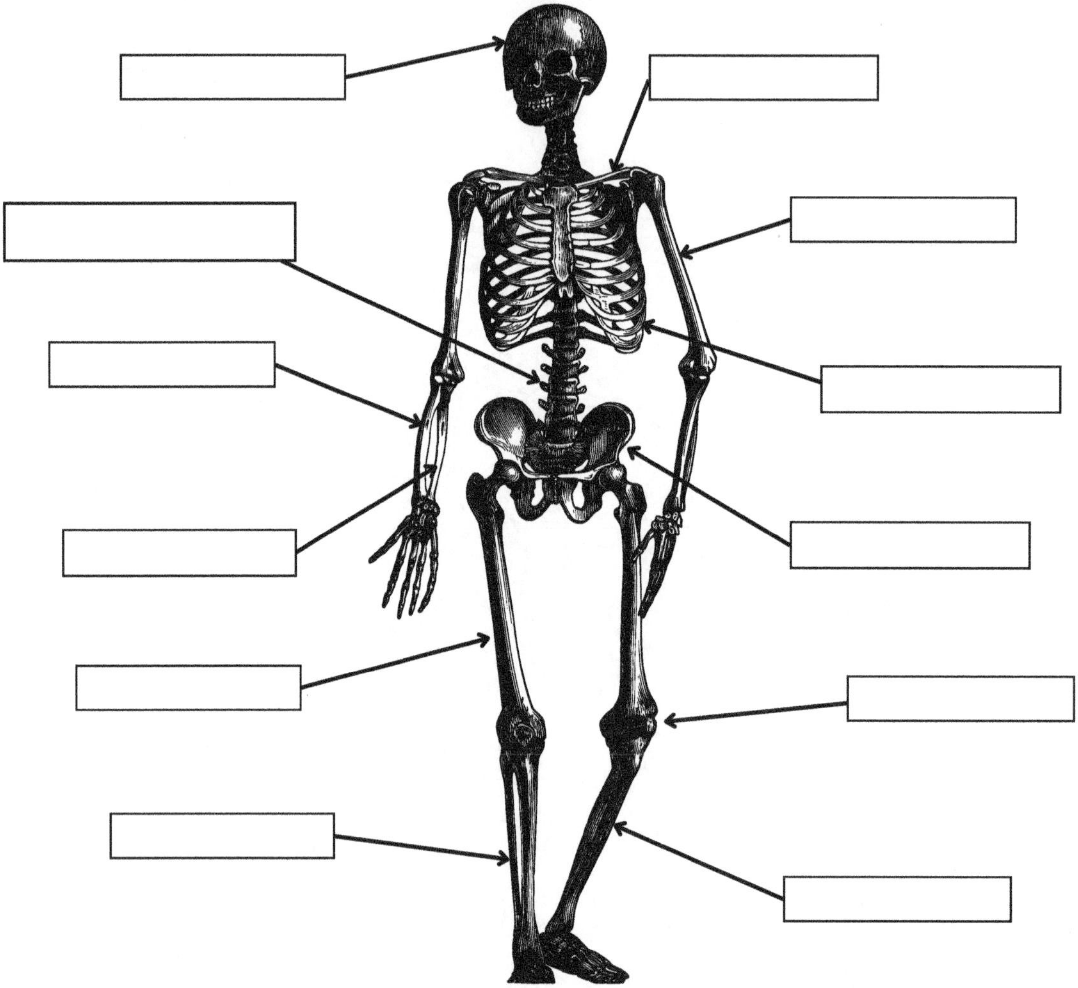

MAÎTRESSE, PLACE LES OS SUIVANTS AU BON ENDROIT SUR LE SQUELETTE :

ROTULE	COLONNE VERTÉBRALE	CLAVICULE
CRÂNE	OS ILIAQUE	RADIUS
FÉMUR	HUMÉRUS	PÉRONÉ
CUBITUS	TIBIA	CÔTES

PAGE VIERGE POUR NE PAS TRANSPERCER LE VERSO DU COLORIAGE

QUI A ÉCRIT ?

TROUVEZ ET ÉCRIVEZ LE NOM DE L'AUTEUR.E DE CES LIVRES :

Les Lettres de mon moulin

De :

Le Petit Poucet

De :

Les Malheurs de Sophie

De :

Alice au Pays des Merveilles

De :

La Petite Fadette

De :

Blanche-Neige

De :

DESSIN À REPRODUIRE

À VOUS DE REPRODUIRE ET DESSINER CE DESSIN SUR LA GRILLE DE DROITE :

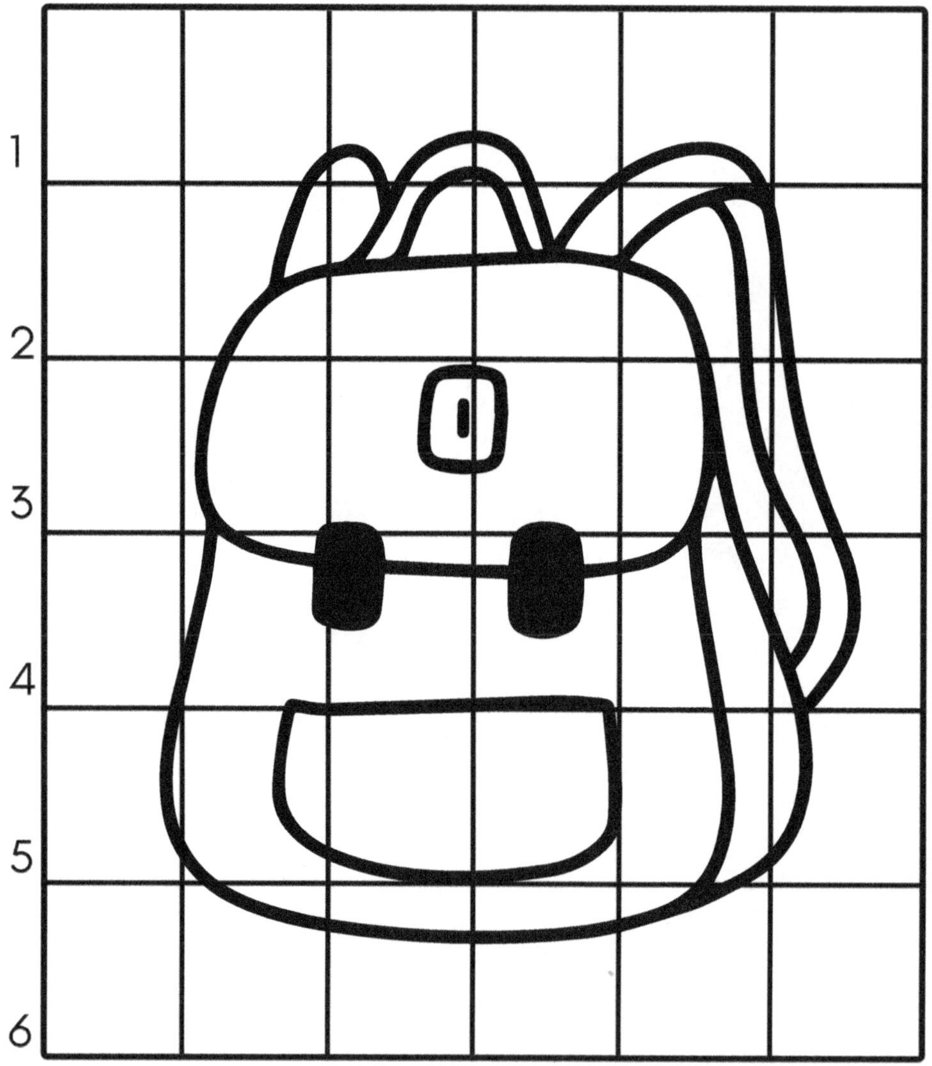

DESSIN À REPRODUIRE

1						
2						
3						
4						
5						
6						

MOTS MÊLÉS

L	O	I	N	P	R	W	F	X	V	A	C	A	N	C	E	S
P	V	R	D	D	M	E	B	A	R	B	E	C	U	E	P	V
V	L	I	E	L	O	S	T	S	R	D	I	L	P	O	L	H
O	R	O	S	C	A	Z	G	I	A	N	S	F	Y	M	A	E
Y	L	I	Q	I	U	I	N	E	F	H	I	A	W	F	G	G
A	K	O	T	I	T	Z	I	S	C	O	U	E	E	D	E	A
G	C	J	I	R	P	E	P	T	O	N	R	Z	N	Z	T	Z
E	W	R	U	S	A	N	P	E	C	N	S	P	L	T	E	N
A	U	E	X	I	I	P	O	X	K	L	J	W	Z	N	E	O
B	L	S	D	Z	L	R	H	D	T	Q	G	X	I	Z	U	R
L	J	T	O	E	R	L	S	V	A	X	B	F	L	L	Y	B
E	N	A	N	L	T	W	E	O	I	V	N	A	V	Z	D	L
Q	A	U	X	P	A	E	A	T	L	E	H	Q	L	Y	V	O
C	N	R	L	W	P	Y	N	O	I	N	C	O	P	A	I	N
D	E	A	X	Y	E	F	N	T	U	G	K	O	S	J	D	C
L	I	N	L	Q	R	C	G	U	E	T	G	X	A	L	O	E
O	R	T	K	T	O	U	R	I	S	T	E	D	O	L	F	N

③ LISTE DE MOTS À TROUVER ET À ENTOURER :

Les mots sont mélangés à l'horizontale, verticale, de bas en haut, en diagonale, dans les 2 sens.

ENFIN	BARBECUE	FARNIENTE	TOURISTE	BALADE
VACANCES	APERO	SIESTE	PARTIR	RESTAURANT
JUILLET	PLAGE	VISITE	LOIN	COCKTAIL
DETENTE	SOLEIL	SHOPPING	COPAIN	PROFITER
BRONZAGE	VOYAGE	AOUT	LOISIRS	RIEN

RAPIDITÉ

**EN MOINS DE 30 SECONDES TROUVEZ
8 NOMS DE PAYS QUI NE CONTIENNENT PAS LA LETTRE A :**

LABYRINTHE

③ AIDEZ LA TORTUE D'EAU À REJOINDRE LA MER

PYRAMIDE ADDITIVE - 2

COMPLÈTEZ LA PYRAMIDE DE FAÇON À CE QUE CHAQUE CASE SOIT ÉGALE À LA SOMME DES DEUX CASES QUI SE TROUVENT EN-DESSOUS :

1158				
	279			
		137		
	77			

	540			
	306			
		141		
	99			

507				
253				
116				
				89

1405				
	392			
		154		
				2

SUDOKU-3

			2	3		4		
				5		2	7	8
9	4							3
			5			8	4	
				8	1			
8			4			3		2
		9		1		5		
	1	8		6				
5	6		8		9			

VIVE LES
VACANCES !

PAGE VIERGE POUR NE PAS TRANSPERCER LE VERSO DU COLORIAGE

EXPRESSIONS

COMPLÈTEZ CES EXPRESSIONS AVEC DES NOMS DE PARTIES DU CORPS

1- Avoir .... longues

2- Tirer les vers du ....

3- Être de mauvais ....

4- Avoir un boeuf sur ....

5- Manger sur ....

6- Dormir sur ses deux ....

7- Couper .... en quatre

8- En avoir plein ....

9- Coûter la peau ....

10- Faire .... de grue

JEU DES DIFFÉRENCES

RETROUVEZ ET ENTOUREZ LES 10 DIFFÉRENCES PARMI SES ANIMAUX AU SÉJOUR À LA FERME :

JEU DES DIFFÉRENCES

JEU DE LETTRES - 1

FORMEZ LE MAXIMUM DE MOTS DE PLUS DE 5 LETTRES, EN UTLISANT QU'UNE SEULE FOIS CHAQUE LETTRE DE LA GRILLE :

A	M	P	E
T	L	E	S
N	G	R	I
S	D	O	M

JEU DE MÉMOIRE

MÉMORISEZ PENDANT 40 SECONDES CHAQUE DESSIN PRÉSENT DANS CETTE GRILLE. PUIS TOURNEZ LA PAGE ET RÉPONDEZ AUX QUESTIONS.

JEU DE MÉMOIRE

1- QUEL EST LE THÈME COMMUN À TOUS CES DESSINS ?

2- COMBIEN DE CRAYONS SONT DESSINÉS ?

3- QUEL NOMBRE FIGURE SUR LA CALCULATRICE ?

4- LEQUEL DE CES DESSINS NE FIGURE PAS DANS LA GRILLE :
UNE ÉQUERRE - UN STYLO - UNE RÈGLE - UN CAHIER

5- DE QUEL CÔTÉ DE LA FEUILLE SE TROUVE LA PAIRE DE CISEAUX
À GAUCHE ? À DROITE ?

6- QUEL DESSIN SE TROUVE AU-DESSUS DU “CARTABLE” ?

7- SUR L’ENSEMBLE, COMBIEN DE PERSONNAGES SONT DESSINÉS ?

PAUSE PERSO

MES MEILLEURS SOUVENIRS EN CLASSE DE CETTE ANNÉE

LABYRINTHE

④ **AIDEZ LA MENTHE À REJOINDRE LE COCKTAIL**

PAGE VIERGE POUR NE PAS TRANSPERCER LE VERSO DU COLORIAGE

MOTS MÊLÉS

C	Y	K	C	O	R	S	E	A	Q	A	A	S	B	A	L	I
K	F	R	E	M	M	M	E	I	L	A	T	I	A	R	C	H
K	X	K	A	N	C	O	A	D	J	H	L	E	L	N	H	L
K	T	R	T	U	Y	C	R	L	K	K	Y	T	K	L	Y	O
H	O	N	D	U	R	A	S	M	D	Z	B	N	N	T	P	L
C	A	R	G	E	N	T	I	N	E	I	X	R	H	M	R	H
C	M	E	X	I	Q	U	E	D	O	E	V	Y	E	G	E	E
A	W	E	Y	Q	Q	G	N	W	E	C	B	E	U	S	S	M
N	A	U	S	T	R	A	L	I	E	E	A	B	S	S	I	R
G	E	G	R	B	L	L	S	E	R	R	Q	N	I	P	F	L
L	U	I	P	R	X	I	S	N	S	G	A	U	A	T	N	O
E	Q	U	I	A	N	P	R	H	O	W	S	Q	B	D	Q	F
T	R	Z	V	U	A	G	A	B	K	P	H	J	N	O	A	I
E	O	E	T	G	X	H	K	M	I	I	A	V	W	W	Q	C
R	J	N	N	U	S	I	C	I	L	E	V	J	Y	F	T	O
R	A	E	M	A	R	T	I	N	I	Q	U	E	B	M	D	Q
E	M	Q	C	U	B	A	B	X	L	A	G	U	T	R	O	P

4

LISTE DE MOTS À TROUVER ET À ENTOURER :

Les mots sont mélangés à l'horizontale, verticale, de bas en haut, en diagonale, dans les 2 sens.

ESPAGNE	MEXIQUE	TUNISIE	CUBA	AUSTRALIE
ITALIE	ARGENTINE	GRECE	MAJORQUE	MALDIVES
CANADA	IRLANDE	HONDURAS	SUISSE	ANGLETERRE
PORTUGAL	MAROC	MARTINIQUE	CHYPRE	KENYA
BRESIL	SICILE	JAPON	CORSE	BALI

QUIZ QUESTIONS DE CULTURE GÉNÉRALE

1 QUEL EST LE PREMIER ANIMAL À AVOIR ÉTÉ ENVOYÉ DANS L'ESPACE ?

A- UN CHIEN B-UNE SOURIS C- UN CHAT D- UN RAT

2 QUELLE DYNASTIE SUCCÈDE À LA DYNASTIE DES CAROLINGIENS ?

A- MÉROVINGIENS B-CAPÉTIENS C- VALOIS D- BOURBONS

3 QUEL FLEUVE TRAVERSE LA VILLE DE BORDEAUX ?

A- LA LOIRE B-LA SEINE C- LA GIRONDE D- LA GARONNE

4 OÙ EST NÉ CHRISTOPHE COLOMB ?

A- PORTUGAL B-ESPAGNE C- ITALIE D- FRANCE

5 COMMENT APPELLE-T-ON LES PARAGRAPHES D'UN POÈME ?

A- SONNET B-QUATRAIN C- STROPHE D- TERCET

6 COMBIEN DE LITRES DE SANG CONTIENT UN CORPS ADULTE ?

A- 5 B-8 C- 10 D- 14

7 AU JUDO, QUEL EST LE GRADE DE CEINTURE LE PLUS ÉLEVÉ ?

A- BLEU B- ROUGE C- NOIR D- MARRON

8 EN 2022, QUELLE ÉTAIT LA VILLE LA PLUS PEUPLÉE AU MONDE ?

A- SHANGAI B- NEW DEHLI C- MEXICO D- TOKYO

QUIZ

9 **QUI A PEINT "LA LIBERTÉ GUIDANT LE PEUPLE" ?**

A- G. COURBET B- E. DELACROIX C- A. RENOIR D- T. GÉRICAULT

10 **QUELLE EST LA PLUS HAUTE MONTAGNE DU MONDE ?**

A- EVEREST B- MONT BLANC C- KILIMANDJARO D- MONT FUJI

11 **EN QUELLE ANNÉE A EU LIEU LE SACRE DE NAPOLÉON BONAPARTE ?**

A- 1760 B-1794 C- 1804 D- 1819

12 **COMBIEN DE LITRES DE SANG CONTIENT UN CORPS ADULTE ?**

A- 5 B-8 C- 10 D- 14

13 **QUI A ÉCRIT : "LA BÊTE HUMAINE" ?**

A- V. HUGO B- MAUPASSANT C- ZOLA D- BAUDELAIRE

14 **QUELLE PLANÈTE EST SITUÉE LA PLUS PROCHE DU SOLEIL ?**

A- VÉNUS B- URANUS C- NEPTUNE D- MERCURE

15 **COMBIEN D'OS TROUVE-T-ON DANS UN PIED ?**

A- 12 B- 26 C- 32 D- 44

16 **QUEL ANIMAL SE CACHE DANS "UNE BAUGE" ?**

A- UN SANGLIER B- UN LION C- UN LIÈVRE D- UN CROTALE

VIRELANGUES

DÉFI :
LISEZ CHAQUE PHRASE 3 FOIS À HAUTE VOIX,
ET DE PLUS EN PLUS VITE, SANS FOURCHER LA LANGUE !

Suis-je chez ce cher Serge ?

Une belle boule bien bleue brille

Qu'a bu l'âne au lac ? L'âne au lac a bu l'eau.

Natacha n'attacha pas son chat Pacha qui s'échappa.
Cela fâcha Sacha qui chassa Natacha.

T'as ton tacot qu'a la cote, cocotte!
Qu'attend ton tacot qu'a la cote?
Mon tacot qu'a la cote attend dans la côte que l'accostent des cocottes.
Et toc !

RAPIDITÉ

EN MOINS DE 30 SECONDES TROUVEZ 8 NOMS DE VILLES QUI NE CONTIENNENT PAS LA LETTRE E :

DESSIN À REPRODUIRE

À VOUS DE REPRODUIRE ET DESSINER CE DESSIN SUR LA GRILLE DE DROITE :

DESSIN À REPRODUIRE

1

2

3

4

5

6

MOTS MÊLÉS

C	B	G	G	Y	R	A	Q	U	E	T	T	E	S	S	Q	P
O	T	Q	P	J	C	D	L	K	S	Z	C	T	M	G	T	O
M	P	B	P	U	H	U	B	Z	J	A	U	O	U	V	O	A
B	B	P	M	A	N	D	I	Z	L	H	T	N	Z	W	L	J
Z	O	H	C	E	R	Q	R	G	P	B	Y	G	Q	E	L	N
J	U	O	T	C	H	A	P	E	A	U	W	S	Q	J	I	E
S	T	T	U	A	R	H	S	E	B	V	W	Z	E	N	A	X
P	E	O	B	O	U	E	E	O	D	R	A	D	Q	W	M	J
S	I	R	B	D	G	P	X	X	L	A	R	L	B	Y	R	N
T	L	E	V	L	P	N	X	L	A	V	N	W	I	W	D	O
S	L	J	N	I	P	O	D	P	B	H	S	G	F	S	L	Z
Z	E	H	D	O	E	V	S	C	R	E	M	E	I	I	E	E
U	Q	P	B	T	L	T	T	A	T	W	Y	W	V	A	L	I
K	C	X	L	L	R	L	T	X	B	A	C	R	V	D	B	O
M	A	E	Y	O	H	U	A	E	M	L	E	G	D	B	X	H
J	T	Y	H	T	A	P	A	B	P	N	E	A	U	D	C	A
L	R	S	L	Q	I	N	F	O	E	F	P	B	D	C	Q	D

5

LISTE DE MOTS À TROUVER ET À ENTOURER :

Les mots sont mélangés à l'horizontale, verticale, de bas en haut, en diagonale, dans les 2 sens.

VALISE	SERVIETTE	MAILLOT	RAQUETTES	BOUEE
LUNETTES	CHAPEAU	TONGS	BALLON	SABLE
PARASOL	LIVRE	ROBE	BOUTEILLE	PADDLE
CREME	GLACE	SHORT	PHOTO	BAIGNADE

PORTRAIT CHINOIS

SI LE DIRECTEUR / LA DIRECTRICE DE L'ÉCOLE ÉTAIT.....

UN ANIMAL, CE SERAIT :

UNE FLEUR, CE SERAIT :

UN OBJET, CE SERAIT :

UN PAYS CE SERAIT :

UNE CHANSON, CE SERAIT :

UN TITRE DE FILM, CE SERAIT :

UN PERSONNAGE CÉLÈBRE, CE SERAIT :

PAUSE PERSO

EN 6 MOTS, COMMENT IMAGINEZ-VOUS VOTRE FUTURE RETRAITE ?

1-

2-

3-

4-

5-

6-

PAUSE PERSO

LES ANECDOTES LES PLUS AMUSANTES VÉCUES CETTE ANNÉE

SUDOKU-4

	5							
1				7	2			3
7			5		4			9
5								
8		9				7		5
3	6	4		1		9	2	8
	3		2				5	1
	1							
2				9				

JEU DE MÉMOIRE

MÉMORISEZ PENDANT 40 SECONDES CHAQUE DESSIN PRÉSENT DANS CETTE GRILLE. PUIS TOURNEZ LA PAGE ET RÉPONDEZ AUX QUESTIONS.

JEU DE MÉMOIRE

1- QUEL EST LE THÈME COMMUN À TOUS CES DESSINS ?

2- COMBIEN DE MOYENS DE DÉPLACEMENT TROUVE-T-ON ?

3- QUEL PERSONNAGE CÉLÈBRE Y FIGURE ?

4- LEQUEL DE CES DESSINS NE FIGURE PAS DANS LA GRILLE :
UNE PIZZA - UN CAFÉ - UN PLAT DE PÂTES - UNE MOZARELLA

5- COMBIEN DE MONUMENTS HISTORIQUES TROUVE-T-ON ?
LEURS NOMS ? :

6- QUEL DESSIN SE TROUVE SOUS "LE COCKTAIL" ?

7- AU TOTAL, COMBIEN Y-A-T'IL DE DESSINS ?

JEUX DE LOGIQUE

1- QUELLE EST LA SUITE LOGIQUE DE ? :

F19

H17

J15

?

RÉPONSE :

2- AVEC UN CRAYON RELIER TOUS LES POINTS SANS LEVER LA MAIN :

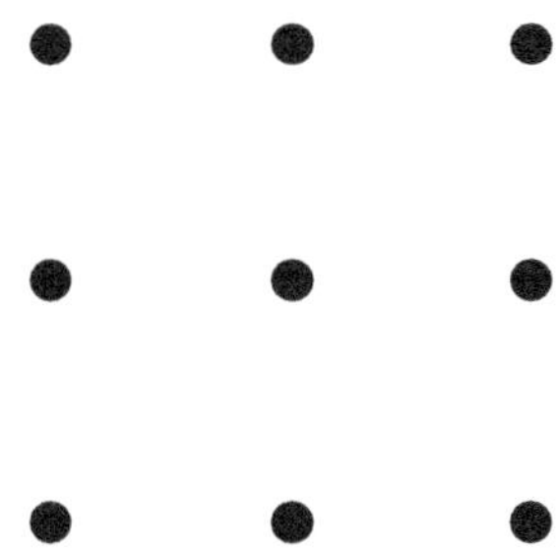

3- DANS LA FAMILLE DUPONT, LES ENFANTS SE NOMMENT : DOROTHÉE, RÉGINE, MILAN, FABIEN. LA MAMAN EST ENCEINTE DU 5ÈME ENFANT, COMMENT S'APPELERA-T-IL ?

ENTOUREZ VOTRE RÉPONSE :

BENOÎT

SOLANGE

CHARLES

ANTONIA

4- QUELLE EST LA SUITE LOGIQUE DE ? :

N - H - S - S - C - ?

RÉPONSE :

JEU DE LETTRES - 2

FORMEZ LE MAXIMUM DE MOTS DE PLUS DE 5 LETTRES, EN UTILISANT QU'UNE SEULE FOIS CHAQUE LETTRE DE LA GRILLE :

V	B	E	C
U	N	A	S
P	E	I	T
R	S	O	F

PAGE VIERGE POUR NE PAS TRANSPERCER LE VERSO DU COLORIAGE

MOTS À CASER

TROUVEZ LA RÉPONSE AUX DÉFINITIONS CI-DESSOUS ET ENTREZ-LES DANS LES CASES CORRESPONDANTES

1- MOYEN DE TRANSPORT
2- HÉBERGEMENT 5 ÉTOILES
3- LIEU CULTUREL
4- RESTAURANT RAPIDE
5- DOCUMENT DE VOYAGE
6- DESTINATION EXOTIQUE
7- ACTIVITÉ AÉRIENNE
8- SOUVENIR LOCAL
9- SPORT DE VACANCES
10- EXPÉRIENCE EN EAUX VIVES
11- VISITE GUIDÉE
12- DÉCOUVERTE ARCHÉOLOGIQUE
13- ESCAPADE EN FORÊT
14- DÉTENTE THERMALE
15- ACTIVITÉ DE MARCHE
16- PÉRIODE DE CONGÈS
17- ACTIVITÉ SOUS-MARINE
18- LIEU DE SÉJOUR EN PLEIN AIR

ÉNIGMES

Avec mes 8 lettres je forme des milliers de mots.
Qui suis-je ?

➤

Selon moi, juillet est avant mars et aujourd'hui
est avant hier. Qui suis-je ?

➤

On m'utilise plus quand je suis cassé
que quand je ne le suis pas.
Qui suis-je ?

➤

La somme d'un concombre et d'une courgette
est de 1,10€. Le concombre dépasse le prix
de la courgette de 1€.
Combien coûte la courgette ?

➤

Un fermier a 40 cochons, 10 poules et 20 moutons.
Si vous appelez les moutons : les cochons,
combien de nouveaux moutons aura-t-il ?

➤

Trois docteurs affirment que Gabriel est leur frère.
Gabriel affirme quant à lui qu'il n'a pas de frère.
Qui ment ?

➤

ANAGRAMMES - 2

MAÎTRESSE, MÉLANGE LES LETTRES POUR RETROUVER LE BON MOT :

PINAHDU

RADISPA

TIPERAFI

TERDIME

GUTIFAER

BEGAGA

FITERPRO

PAUSE PERSO

Attribuez les badges suivants à vos collègues selon leur personnalité, écrivez le prénom au centre du badge :

NOTES

SOLUTIONS

①

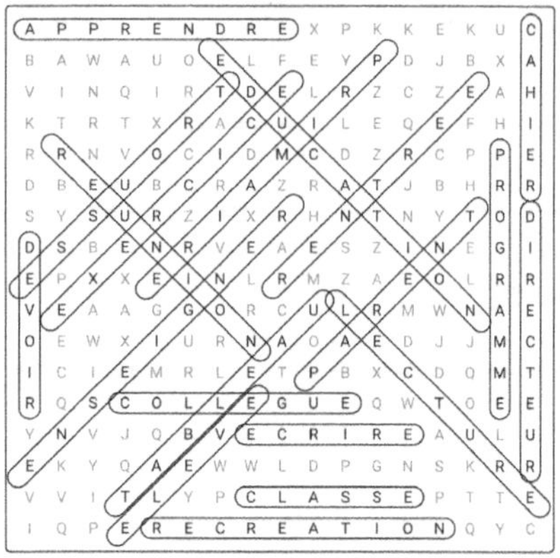

②

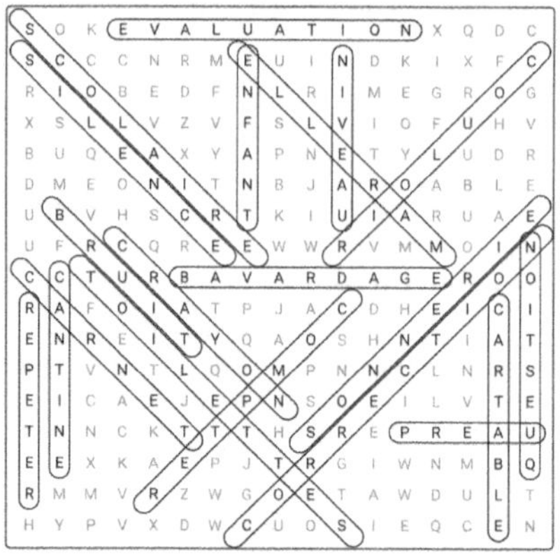

③

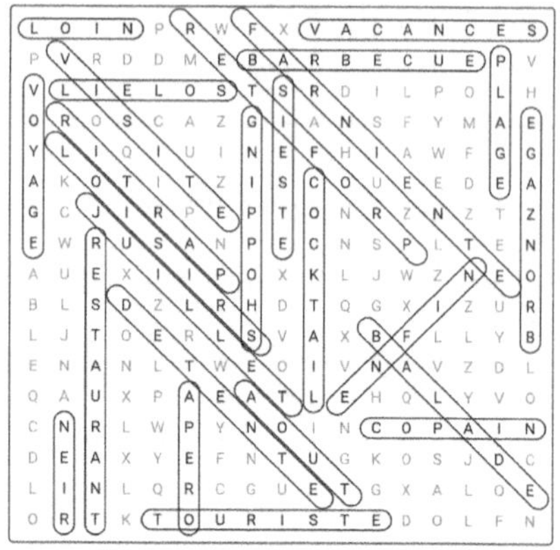

④

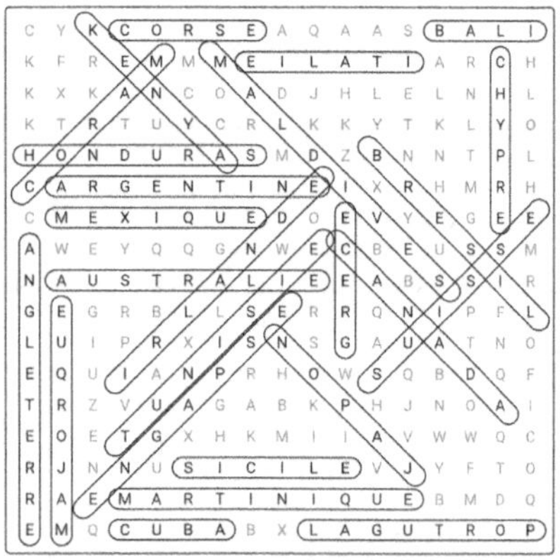

⑤

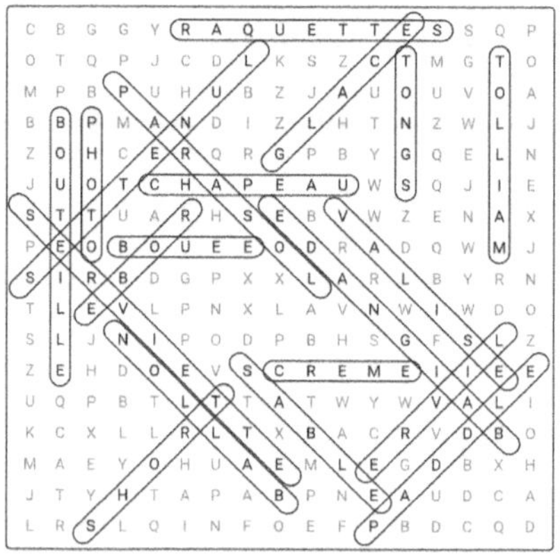

①

②

③

④

SOLUTIONS

SUDOKU - 1

7	2	1	6	9	3	4	5	8
8	9	3	4	2	5	7	6	1
4	6	5	7	8	1	3	9	2
6	1	2	5	3	7	9	8	4
5	3	4	8	6	9	2	1	7
9	8	7	1	4	2	5	3	6
3	7	6	9	1	4	8	2	5
1	5	9	2	7	8	6	4	3
2	4	8	3	5	6	1	7	9

SUDOKU - 2

2	7	1	5	9	4	3	8	6
8	5	6	3	7	2	1	4	9
3	9	4	6	1	8	5	2	7
9	2	5	1	6	7	8	3	4
4	1	8	2	3	9	6	7	5
6	3	7	4	8	5	2	9	1
5	6	9	8	4	3	7	1	2
7	8	2	9	5	1	4	6	3
1	4	3	7	2	6	9	5	8

ANAGRAMMES - 1

PARASOL
CAMPING
BARBECUE
BAIGNADE
AUTOROUTE
PAYSAGE
SOUVENIRS

ANAGRAMMES - 2

DAUPHIN
PARADIS
APERITIF
MEDITER
FATIGUER
BAGAGE
PROFITER

SUDOKU - 3

7	8	5	2	3	6	4	1	9
1	3	6	9	5	4	2	7	8
9	4	2	1	7	8	6	5	3
6	9	7	5	2	3	8	4	1
3	2	4	6	8	1	7	9	5
8	5	1	4	9	7	3	6	2
4	7	9	3	1	2	5	8	6
2	1	8	7	6	5	9	3	4
5	6	3	8	4	9	1	2	7

SUDOKU - 4

4	5	3	1	6	9	2	8	7
1	9	6	8	7	2	5	4	3
7	8	2	5	3	4	1	6	9
5	7	1	9	2	8	6	3	4
8	2	9	6	4	3	7	1	5
3	6	4	7	1	5	9	2	8
9	3	7	2	8	6	4	5	1
6	1	8	4	5	7	3	9	2
2	4	5	3	9	1	8	7	6

LE QUIZ :

1=A / 2 = B / 3=D / 4=C / 5=C / 6=A / 7=B / 8=D / 9= B
10=A / 11=C / 12=A / 13=C / 14=D / 15=B / 16=A

QUI A ÉCRIT ?

Les Lettres de mon moulin : Alphonse Daudet
Le Petit Poucet : Charles Perrault
Les malheurs de Sophie : La Comtesse de Ségur
Alice au Pays des Merveilles : Lewis Caroll
La Petite Fadette : George Sand
Blanche-Neige : Les frères Grimm

EXPRESSIONS :

Avoir les dents longues
Tirer les vers du nez
Être de mauvais poil
Avoir un boeuf sur la langue
Manger sur le pouce
Dormir sur ses deux oreilles
Couper les cheveux en quatre
En avoir plein le dos
Coûter la peau des fesses
Faire le pied de grue

JEUX DE LOGIQUE :

1- L13

(on descend de 2 chaque lettre et chaque nombre)

3- SOLANGE

(les prénoms commencent par les notes de musique DO-RÉ-MI-FA)

4- Q (QUATRE)

(Neuf / Huit / Sept / Six / Cinq / Quatre)

2- LES POINTS

VILLES DE FRANCE

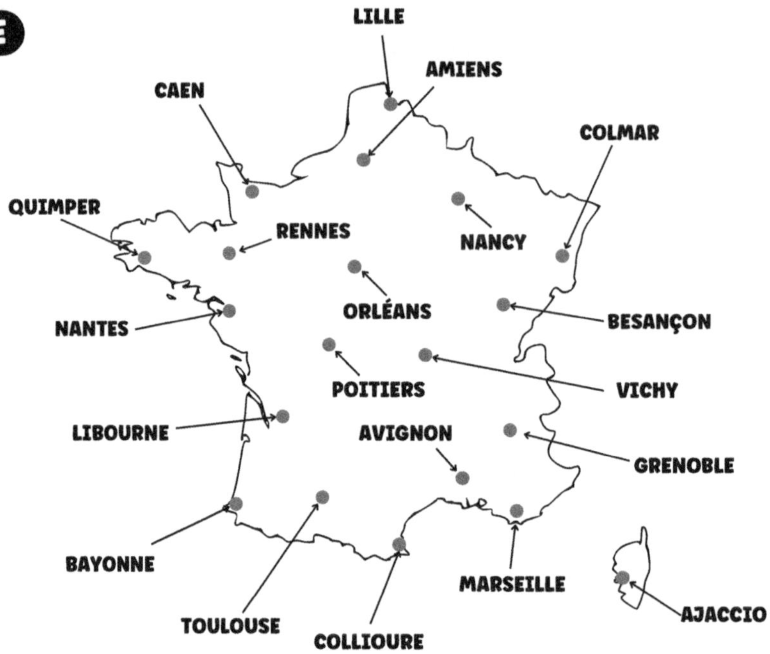

QUEL OS ?

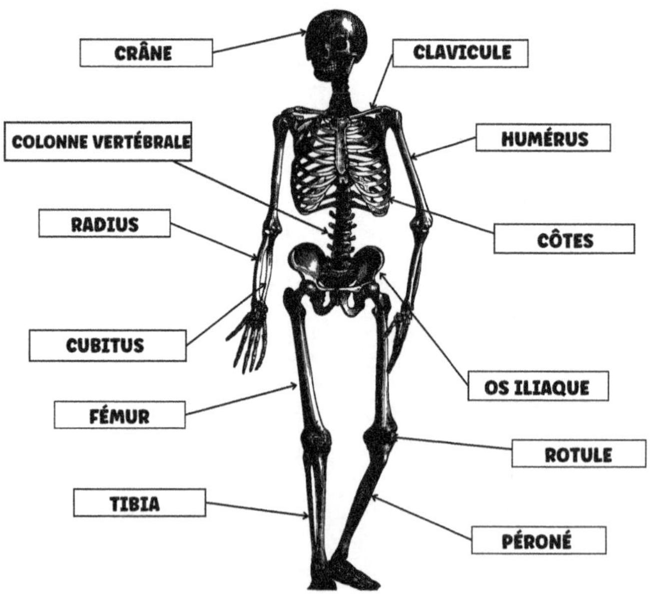

PYRAMIDE ADDITIVE - 1

253
119 134
55 64 70
29 26 38 32
17 12 14 24 8

499
257 242
131 126 116
61 70 56 60
22 39 31 25 35

531
282 249
158 124 125
92 66 58 67
45 47 19 39 28

635
367 268
208 159 109
108 100 59 50
50 58 42 17 33

PYRAMIDE ADDITIVE - 2

1158
580 578
301 279 299
159 142 137 162
82 77 65 72 90

1167
627 540
321 306 234
156 165 141 93
57 99 66 75 18

1035
507 528
253 254 274
116 137 117 157
28 88 49 68 89

1405
843 562
451 392 170
213 238 154 16
115 98 140 14 2

JEUX DES DIFFÉRENCES

JEU DE LETTRES 1

LISTE NON EXHAUSTIVE :

GRAINE/ LAMPION / PELOTE / GROSSE / PLANTES/ GRISEE / PLANETES / PELERIN / REPOSE / SALEES / ENDORMIES / MAIGRE / GAMINE / GRENADE / MAISON / PILOTE...

JEU DE LETTRES 2

LISTE NON EXHAUSTIVE :

VITRE / REPAS / CARPIEN / FROISSEE / CABINET / CAISSON / SPORTIF / FACTEUR / BATISSE / SCEAU / REPASSE / PRUNE / SENTIR / VENUES / FAUTER ....

ÉNIGMES

1- L'ALPHABET.
2- LE DICTIONNAIRE.
3- UN OEUF.
4- 5 CENTIMES EST LE PRIX DE LA COURGETTE ET 1.05 CTS EST LE PRIX DU CONCOMBRE.
5- IL EN AURA LE MÊME NOMBRE (20) CAR ILS NE SE TRANSFORMENT PAS, MÊME SI VOUS LES APPELEZ DIFFÉREMMENT...
6- PERSONNE. GABRIEL A 3 SOEURS QUI SONT MÉDECINS.

MOTS À CASER

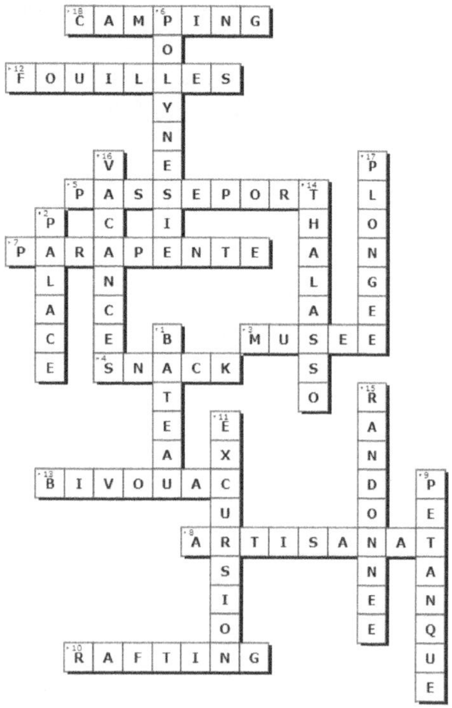

Avez-vous apprécié ce cadeau et ces jeux ?
Je suis une auteure indépendante et prête attention à vos avis et à vos remarques, cela me permet de m'améliorer et m'encourage à créer d'autres livres.
Ainsi, si vous le souhaitez, vous pouvez me laisser un commentaire sur ce cahier de vacances spécial "maîtresse d'école" en scannant le QR Code ci-dessous pour vous rendre directement sur la page concernée.
D'avance merci !

DÉCOUVREZ LES AUTRES LIVRES DE NOTRE COLLECTION SUR WWW.OH-BAZAR.COM :

Charlie Plume

Printed in France by Amazon
Brétigny-sur-Orge, FR

21038824R00045